OBSERVATIONS

SUR

L'INTRODUCTION AU CATALOGUE D'ESTAMPES

De M. D.-G. De A*zoba Rena*

CURIOSITÉ LITTÉRAIRE & ARTISTIQUE

PAR

A. ROCHOUX

PRIX : 50 CENTIMES

PARIS

J.-F. DELION

Quai des Grands-Augustins, 47.

1861

OBSERVATIONS

SUR

L'INTRODUCTION AU CATALOGUE D'ESTAMPES

De M. D.-G. De A...

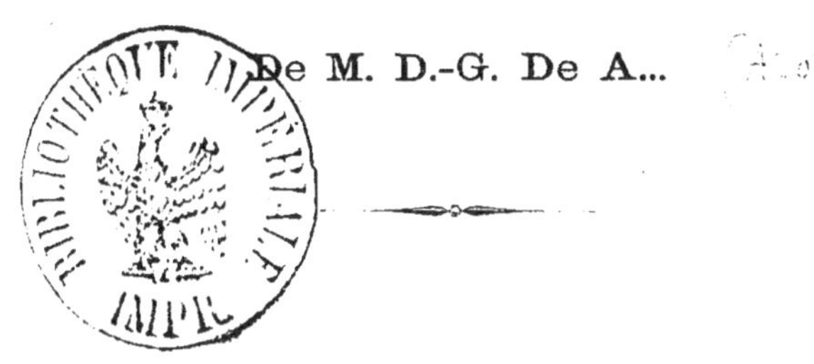

CURIOSITÉ LITTÉRAIRE & ARTISTIQUE

PAR

A. ROCHOUX

PARIS

J.-F. DELION

Quai des Grands-Augustins, 47.

1861

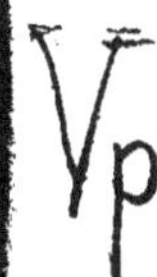

Nous avons peu d'amour pour la critique, et nous le disons sincèrement : c'est avec regret que nous prenons la plume pour relever ce que nous appelons hautement un outrage à l'art de la gravure.

Nous venons de lire en tête du Catalogue de **M. D.-G. de A.** une introduction, dans laquelle se trouvent les lignes suivantes :

« Non content de grossir ses cartons des pièces les plus splendides qui se vendaient en France, *cet ami de l'art* (expression familière et heureuse) ravit à l'Angleterre, à l'Allemagne et à l'Italie nombre d'estampes merveilleuses...

« Les estampes qui composent cette collection sont presque exclusivement celles des peintres, **M. D.-G. de A.** ayant compris, dès le premier jour qu'il *colligeât* (*sic*), la distance qu'il y a entre les gravures émanant directement de l'artiste *qui y met* son âme et celles, peut-être plus soigneusement exécutées, de ces traducteurs

qui ne reproduisent jamais *qu'avec froideur* les chefs
d'œuvre.

« Toutes les écoles sont ici représentées, sinon en
leur entier, du moins par ces maîtres primesautiers qui
seuls comptent vraiment dans l'histoire de l'art qu'ils
résument. »

Cette introduction n'est pas signée, et nous aimons à
croire que M. Clement, auquel appartient le travail du
Catalogue, n'a en aucune façon pris la responsabilité de
ce jargon prétentieux longuement délayé, et dont nous
ne ferons pas compliment à l'auteur, qui cependant doit
être aussi *un ami de l'art.* Nous dirons toutefois que, si
nous ne faisons pas remonter à notre confrère la responsabilité de l'étrange opinion formulée dans les termes
que nous avons cités, nous avons été surpris et vivement
affligé qu'il ait laissé imprimer, sous le couvert de son
nom, une appréciation qui dénote une perception peu
lumineuse.

M. Clement a sans doute l'amour de sa profession, il
y trouve toutes les jouissances que procure l'aspect de
ces prodiges de la gravure qui passent sous ses yeux;
personne n'est mieux que lui à même de faire une étude
sérieuse des chefs-d'œuvre des maîtres, des productions
des graveurs. Et certes, nous pouvons affirmer qu'il
n'aurait pas écrit *que les maîtres seuls comptent dans*
l'histoire de l'art. M. Clement a mérité que l'on attache
à son nom un titre dont il s'honore, celui de marchand
d'estampes de la bibliothèque impériale, et nous

sommes convaincu qu'au cabinet d'estampes l'on ne montre pas ce dédain superbe pour les graveurs.

Nous tenions à glisser tout d'abord ce petit préambule, pour qu'il soit bien entendu que nous écartons entièrement notre confrère du débat.

Maintenant, passons à la question.

Quoique écrite dans un style d'inventaire qui offre peu de charme à la lecture, la préface que nous attaquons se trouvant liée à une collection célèbre, restera sinon pour faire autorité, du moins comme curiosité littéraire. On se demandera plus tard comment, à notre époque si féconde en écrivains à la forme élégante, aux aperçus ingénieux, l'on soit tout juste tombé, et bien par malheur, sur *un ami de l'art* aussi fort pour le moins que cet excellent M. Jourdain, dont nous croyions le moule brisé depuis Molière.

Puisque vous avez eu plaisir à nous débiter cette méchante prose, si entortillée que l'on nous en a demandé plus d'une fois la traduction, vous trouverez bon que nous essayions d'en faire justice, quoique en vérité, elle ne vaille guère la peine d'être réfutée.

Savez-vous comment s'est passée la vie de ceux que vous appelez des *praticiens* plus ou moins habiles, qui, selon vous, *n'ont jamais reproduit qu'avec froideur* les chefs-d'œuvre, et que vous comptez pour rien dans l'histoire de l'art ? La plupart, vrais artistes par le cœur, allaient s'agenouiller devant les toiles des grands maîtres. Là, en face de ces merveilles qui excitaient leur

admiration, ils ressentaient souvent des défaillances, ils
se disaient que jamais ils ne rendraient ce sentiment,
cette couleur, et ils reculaient pleins d'hésitation. Mais
le chef-d'œuvre les attirait toujours et les tentait, et ils
revenaient sans cesse. Une noble ambition s'éveillait
en eux, ils rêvaient d'accomplir cette tâche difficile, mais
glorieuse, de reproduire cette œuvre qui exerçait sur
eux une sorte de fascination, de répandre au loin la
gloire de l'artiste et d'en recueillir une part. Ils avaient
des jours de lutte opiniâtre, des jours de souffrance, où
l'intelligence n'arrivait pas à la hauteur de leur volonté,
mais ils ne reculaient plus. Ils s'éprouvaient dans ces
luttes, ils en devenaient plus forts, et leur énergie trou-
vait bientôt sa récompense. L'esprit s'échauffait, l'inspiration venait avec ses flots de lumière, ils voyaient au
fond des cœurs cachés sous ces draperies, ils péné-
traient la pensée du maître, la toile se faisait vivante
pour eux, ils avaient compris, leur triomphe était assuré!

Ces *praticiens plus ou moins habiles* s'appelaient Bol-
wert, Pontius, Vorstermann, Suyderhoef, Corneille
Vischer, Van Dalen, Gérard Audran, Antoine Masson,
Gérard Edelinck, Morin, Nanteuil, Poilly, Jean Pesne,
Van Schuppen, Pierre Drevet, etc. Un autre encore,
Marc-Antoine Raimondi; mais celui-ci, nous devons le
dire, a trouvé chez vous quelque bienveillance; vous
l'avez épargné, vous avez même écrit: « Marc-Antoine
qui est peut-être de tous les interprètes celui qui com-
prit le mieux le but de la gravure, sans jamais le dé-

passer, figure dignement dans cette collection et sous des aspects variés. »

Marc-Antoine est vraiment bien heureux d'avoir été jugé par vous digne d'être accueilli avec cette faveur.

Mais ceux-là que je viens de vous citer et bien d'autres, qu'ont-ils fait? Les uns ont reproduit avec une vérité saisissante les compositions de Rubens et de Van Dyck : ces maîtres ont été rendus avec une telle puissance qu'il semble que les graveurs aient été en communauté de pensée avec les peintres. Un autre, s'attachant aux œuvres de Nicolas Poussin, l'une des gloires de l'école française, les a si bien comprises qu'il est resté sans rival dans leur reproduction. D'autres encore nous ont donné ces magnifiques portraits largement étudiés et si pleins de caractère que l'on se sent, malgré soi, impressionné en face de quelques-unes de ces figures, dont les noms seuls réveillent de grands souvenirs.

Ce n'est pas tout. Cette gloire que vous rapportez toute à l'artiste créateur, savez-vous qui a contribué à la faire plus grande pour lui? C'est le graveur. Cette toile unique renfermée dans une galerie accessible seulement au petit nombre, le graveur l'a multipliée à l'infini, il l'a répandue partout, il l'a transmise à toutes les générations de l'avenir, il a répété sur tous les points du monde le nom de l'inventeur, il a révélé son génie, il l'a immortalisé. Nous dirons plus, il est des peintres qui seraient complétement ignorés s'ils n'avaient pas eu pour auxiliaire le graveur.

Et vous osez dire que vous le comptez pour rien dans l'histoire de l'art.

Nous trouvons cependant assez curieux de vous mettre sur ce point en contradiction avec vous-même.

Comment pouvez-vous, après une telle affirmation, nous signaler le beau portrait du Pompone par Nanteuil, et celui de Bentivoglio par Morin? Aviez-vous oublié que Nanteuil et Morin ne remplissaient en reproduisant ces portraits que le rôle de praticiens, suivant votre heureuse expression?

Quoi! Nanteuil, un maître lui-même, a gravé un grand nombre de portraits d'après sa propre peinture, d'après son propre dessin, et ce n'est pas un de ceux-là que vous citez, c'est le portrait connu sous le nom de Pompone, peint par Charles Lebrun. Pourquoi? C'est que vous le reconnaissez pour un chef-d'œuvre, de même que le Bentivoglio de Morin, d'après Van Dyck. Mais un chef-d'œuvre, cela se compte dans l'histoire de l'art. Mais si ces deux morceaux méritent à ce point votre admiration, les graveurs ont donc su comprendre le maître, ils ne l'ont donc pas toujours traduit avec froideur. Ou feriez-vous par hasard une exception en faveur de Morin et de Nanteuil? Il faudrait le dire, il faudrait mettre en garde les amateurs contre de mauvais choix. Ils pourraient, si vous ne les avertissiez, se tromper et prendre aussi pour un chef-d'œuvre le portrait en pied de Bossuet gravé par P. Drevet, d'après Rigaud. Il en est qui admirent le Couronnement d'épines par Schelte Bolswert, et Thomiris de Pontius, et de Lucas Vorstermann, les Anges pleurant à la vue du corps de Jésus-Christ, et la Sainte Famille par Edelinck, et la Paix de Munster par Suyderhoef, et les Sept Sacrements gravés par Pesne, et bien d'autres encore.

Quelle déception ils vont éprouver à la lecture de votre intelligente introduction !

Mais ce ne sont pas seulement ces graveurs de premier ordre qui ont servi, suivant nous, la cause de l'art. Citons encore le xviiie siècle. Nous comptons là Jean et Benoît Audran, Laurent Cars, Lepicié, Surugue, N. de Larmessin, George-Frédéric Schmidt, les Cochin, Delaunay, Duclos, Simonet, Dambrun, Choffart, Courtois, et bon nombre d'autres. Ce sont eux qui ont traduit, et presque toujours avec bonheur, ces maîtres remplis de charme et d'esprit qui ont illustré le dernier siècle. Est-il besoin de nommer Chardin, Antoine Watteau, Lancret, Pater, Jeaurat, Boucher, Greuze, Augustin de Saint-Aubin, Moreau jeune, Ch. Eisen, Honoré Fragonard, Baudouin, Freudeberg, Lawreince ? — Nous en connaissons qui dédaignent cette école, mais ils ne sauraient justifier leur répulsion. Les maîtres du xviiie siècle, s'ils n'ont pas suivi les traditions des grandes écoles, nous ont donné du moins la physionomie assez piquante de leur époque. Il y a beaucoup à dire, il est vrai, sur ces tableaux de mœurs, dont la chasteté n'est pas le principal ornement; mais on mettait peu de voiles sous le règne du Régent, et pas davantage sous le sceptre de la marquise de Pom-

padour et de la comtesse Dubarri. N'est-ce pas de l'histoire, et fallait-il la déguiser? Non, sans doute. Ces peintres suivaient nécessairement l'impulsion donnée. C'était
le temps des boudoirs voluptueux, des parties fines, des
abbés galants, des princes de la débauche. Les artistes
ont peint au vif ce qu'ils ont vu. Cette époque, pour
être parfois décolletée avec trop peu de mesure, n'en a
pas moins son caractère original, et c'est une qualité bien
appréciée.

Il nous reste encore à reprendre dans cette malencon-
treuse préface. Vous avez écrit ceci :

« Les peintres français sont ceux qui occupent le
moins de place dans ce cabinet. Mais il est juste aussi
de dire que peu, parmi les plus célèbres, ont manié la
pointe. »

Pauvre école française, voilà comme on te traite! On
te jette en passant un regard de compassion. Mais que
vient donc nous dire M. Robert Dumesnil qu'il a existé
un nommé Marc Duval, qui a produit entre autres pièces
un chef-d'œuvre : les Trois frères Coligny. Où a-t-il pris
ces noms de Léonard Limosin, de Woeriot, Jean Boe-
chier, Dumonstier, du maître au monogramme J. C.
d'Albert Flamen, de Courtois dit le Bourguignon, de
Parrocel, d'Antoine Watteau et de tant d'autres? —
M. Georges Duplessis a sans doute aussi inventé Abra-
ham Bosse, qui nous a tracé la physionomie si élégante
si complète et si curieuse de la société sous Louis XIII!
Nous trouvons à M. Meaume une bien riche imagination

pour nous avoir peint cet esprit si vif, si fin, ce génie si abondant, qui a nom Jacques Callot. Mais Callot n'a jamais existé, ou tout au moins il faut attendre que cet *ami de l'art* l'ait jugé digne d'être tiré de son tombeau. Le mieux est de laisser cette pauvre école française enterrée jusqu'à nouvel ordre. Des amateurs un peu enthousiastes, par esprit de nationalité peut-être, ont bien avancé, avec assez de hardiesse même, que l'école française avait répandu partout des rayons pleins de chaleur, qu'elle avait brillé d'un vif éclat par le monde, que la France était fière à juste titre de la gloire de ses grands artistes; mais il paraît qu'ils se sont trompés.

Pour en finir, signalons cette manière heureuse que vous avez d'apprécier les pièces des maîtres. Elle peut se résumer ainsi :

Que dites-vous du bourgmestre Six ?

Il a été payé 5,550 fr.

Que pensez-vous de la Tentation de saint Antoine, par Martin Schongauer ?

2,500 fr.

Votre opinion sur l'Adam et Ève d'Albert Durer ?

1,505 fr.

On ne peut mieux dire.

Votre admiration se traduit par des chiffres.

Quoi ! vous, un ami de l'art, vous, un passionné, vous, un fanatique des maîtres à ce point qu'ils absorbent toute votre admiration, vous n'avez pas le moindre élan pour nous peindre la grandeur de leur génie, la magie

de leurs compositions ; vous n'avez trouvé que des chiffres ! Quoi ! en face d'une collection aussi précieuse, devant tous ces vieux maîtres qui étalent sous vos yeux
leurs magnificences, pas un frémissement, pas une étin-
celle d'émotion ! Non, rien ; votre voix est traînante,
monotone, les mots vous arrivent avec peine, et votre
inspiration se borne à ces tristes banalités : *Pièce rare
avec des barbes abondantes ; très-riche en barbes,* etc.
De Rembrandt, ce maître doué d'une rare puissance,
qui, en se jouant, pour ainsi dire, dans ses eaux-fortes
exécutées d'une pointe facile et hardie, mettait partout
l'empreinte de son génie, de ce maître créateur par
excellence, qu'avez-vous dit? Votre cœur aurait dû
s'échauffer en présence de celui-là. Dans ses portraits, il
a su rendre avec tant de vérité, avec tant de vigueur,
le sentiment et la vie ; dans ses paysages, pris sur na-
ture, il a des aspects si variés, de vastes horizons, où il
a distribué à son gré, avec tant de charme, l'ombre et la
lumière ; dans l'étude de ses figures, il a apporté un
esprit d'observation si remarquable ; dans la plupart de
ses compositions, il a mis tant de grandeur, il a produit
des effets si merveilleux qu'ils saisissent et entraînent
l'imagination, et votre glace enfin aurait dû se fondre.

Eh bien ! voici ce que vous avez écrit. Cela est si fine-
ment trouvé, si élégamment tourné, que nous le répé-
tons pour l'agrément du lecteur. Vous avez dit en parlant
de Rembrandt : *qu'il se trouve emplir dans votre catalogue deux cent quatre-vingt-dix-sept numéros.*

C'est à peine croyable, dirons-nous, pour employer l'une de vos phrases que nous avons saisie au passage.

Nous voyons depuis quelque temps se produire ce fait. Nos vieux amateurs, chercheurs patients, modestes, osant à peine affirmer, ou n'affirmant qu'en présence d'une preuve évidente ; puis à côté, de jeunes amateurs, arrivés d'hier, n'ayant, pour ainsi dire, rien vu, n'ayant rien appris, se posant comme des oracles, souriant à une contradiction, et vous disant carrément, sans hésitation : Personne ne savait rien avant nous. Qui donc connaissait Rembrandt? qui donc avait eu vent de Martin Schongauer? qui donc se doutait qu'Ostade eût existé? Personne. C'est nous qui les avons découvert ; c'est nous qui avons révélé les beautés de leurs œuvres ; c'est nous qui leur avons fait cette réputation brillante ; c'est nous qui avons ceint leur front d'une auréole ; c'est nous qui sommes les prophètes de ce temps, et notre voix seule doit être écoutée. Il nous plaît de proclamer aujourd'hui que vous vous êtes prosternés devant de faux dieux, de vous désigner les seuls vrais dieux que notre loi vous commande d'adorer.

C'est magnifique d'orgueil.

Mais votre vue est courte, votre éloquence est rétive, votre voix n'a pas l'accent qui pénètre, et pour prétendre à réformer des croyances parfaitement assises, il vous aurait fallu du moins un prestige qui vous manque.

Nous aurions voulu pour cette protestation un **nom**

plus autorisé que le nôtre, une verve plus animée, une
parole plus chaude, mais nous y avons mis notre sentiment, et nous croyons que notre insuffisance nous sera
pardonnée.

Mars 1861.

1156.   Paris, imprimerie RENOU et MAULDE, rue de Rivoli, 144.

IMPRIMERIE RENOU ET MAULDE
RUE DE RIVOLI, 144.